ZEBRA 1

Lesebuch

Erarbeitet von
Stephanie Brettschneider,
Maria Feiten,
Bärbel Hilgenkamp,
Andreas Körnich,
Gabriele Reusche,
Gerlind Schwanitz,
Barbara Weingand und
Gabi Zimmermann

Wissenschaftliche Beratung
Prof. Dr. Cordula Löffler

Ernst Klett Verlag
Stuttgart • Leipzig

1. Auflage   1 5 4 3 2 1 | 2011 10 09 08 07

Alle Drucke dieser Auflage sind unverändert und können im Unterricht nebeneinander verwendet werden. Die letzte Zahl bezeichnet das Jahr des Druckes.

Das Werk und seine Teile sind urheberrechtlich geschützt. Jede Nutzung in anderen als den gesetzlich zugelassenen genannten Fällen bedarf der vorherigen schriftlichen Einwilligung des Verlages. Hinweise zu § 52a UrhG: Weder das Werk noch seine Teile dürfen ohne eine solche Einwilligung eingescannt und in ein Netzwerk gestellt werden. Dies gilt auch für Intranets von Schulen und sonstigen Bildungseinrichtungen.

Fotomechanische oder andere Wiedergabeverfahren nur mit Genehmigung des Verlages.

© Ernst Klett Verlag GmbH, Stuttgart 2007
Alle Rechte vorbehalten.
www.klett.de

Erarbeitet von Stephanie Brettschneider, Maria Feiten,
Bärbel Hilgenkamp, Andreas Körnich, Gabriele Reusche, Gerlind Schwanitz,
Barbara Weingand und Gabi Zimmermann
Wissenschaftliche Beratung: Prof. Dr. Cordula Löffler
Redaktion: Sandra Adomeit, Ulrike Gergaut

Layoutkonzeption: Katy Müller, Leipzig
Illustrationen: Friederike Ablang, Berlin; Verena Ballhaus, München; Susanne Bochem, Mainz; Cornelia Kurtz, Boppard
Umschlaggestaltung: Katy Müller, Leipzig
Umschlagillustration: Friederike Ablang, Berlin
Herstellung: Gabriele Hager

Satz: Mundschenk Druck + Medien, Kropstädt
Reproduktion: Mundschenk Druck + Medien, Kropstädt,
Meyle + Müller, Medien-Managment, Pforzheim
Druck: Firmengruppe APPL, aprinta druck, Wemding

Printed in Germany
ISBN 978-3-12-270601-2

Inhalt

Schulabenteuer und Abc-Reisen 4

Herzklopfen und Magenknurren 24

Miteinander und Durcheinander 42

Wiesenzwerge und Baumriesen 62

Traumfänger und Erfinderglück 80

Leseratten und PC-Mäuse 98

Herbsttöne und Frühlingsfarben 118

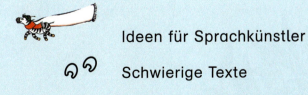

Ideen für Sprachkünstler

Schwierige Texte

→ AH S.3   Am Rand unten steht, wo du weiterarbeiten kannst.

Schulabenteuer und Abc-Reisen

So und so

Anna kommt in die Schule.
Sie freut sich,
doch ihr ist auch
ein wenig mulmig
im Bauch.
Mal sehen, denkt sie
und macht sich auf den Weg.

Manfred Mai

Hip, Hop

Hip Hop, Schule ist top!
Lernen, lachen,
tolle Sachen machen.
Hip Hop, Schule ist top!

Daniel Kallauch

Schulwege

Tim und Lena gehen gemeinsam zur Schule.

Klara kommt mit ihrem Opa.

Simon fährt mit Mama im Auto.

Leo und Marlene kommen mit dem Bus.

Auf dem kürzesten Weg

„Und heute Mittag
wird auf dem Heimweg
nicht gebummelt",
sagt Kims Mama.
„Du kommst
auf dem kürzesten Weg
nach Hause."

„Ist gut, Mama", sagt Kim.
Obwohl sie sonst
sehr gerne bummelt,
will sie Mamas Wunsch
erfüllen.

„Wieso kommst du so spät?",
fragt Mama vorwurfsvoll.
„Aber Mama", sagt Kim,
„auf dem kürzesten Weg
geht es nicht schneller."

Werner Färber

Sofie ist ängstlich

Sofie ist nicht da.
Frau Heinrich fragt:
„Wer kann mir sagen,
wo Sofie ist?"
5 Keiner kann das.

Die Kinder lesen.
Da meldet sich Katja:
„Ich muss mal raus!"
„Sei bitte leise.
10 Sonst störst du."
Katja tippelt auf Zehenspitzen
und macht die Tür leise
hinter sich zu.

Auf dem Flur steht Sofie
15 und guckt vor sich hin.
„Sofie, was machst denn du hier?",
fragt Katja.
„Ich bin zu spät gekommen.
Jetzt warte ich, bis Pause ist.
20 Das stört sonst."
Katja sagt: „Ich muss mal.
Ich bin gleich zurück.
Dann gehen wir zusammen rein."

Peter Härtling

Sofie ist zu spät.
Sofie traut sich nicht in die Klasse.
Sofie wartet im Flur.

Katja muss aufs Klo.
Katja trifft Sofie im Flur.
Katja sagt zu Sofie:

„Komm, wir gehen zusammen rein."

Pause

Katrin ist neu.

Die Kinder rufen:

Komm mit, wir spielen.

Die Kinder spielen.

Wo spielt Katrin mit?

Katrin will hüpfen.

Himmel und Erde

Wirf deinen Stein in das erste Feld.
Du musst das Feld mit dem Stein treffen.
Hüpfe auf einem Bein über das Feld.

Du darfst nicht auf eine Linie treten.
Sonst ist ein anderes Kind an der Reihe.

Zwei an einem Tag

Verena hat heute Geburtstag.
Leander hat heute Geburtstag.

Verena ist sieben Jahre alt.
Leander ist sieben Jahre alt.

Beide Kinder sind am gleichen Tag geboren.

Ob es Zwillinge sind?

Weil heute dein Geburtstag ist

Text: Kurt Hängekorb
Melodie: Siegfried Bimberg

1. Weil heute dein Geburtstag ist, da haben wir gedacht: Wir singen dir ein kleines Lied, weil dir das Freude macht.

2. Sogar ein bunter Blumenstrauß
schmückt heute deinen Tisch.
Wenn du den Strauß ins Wasser stellst,
dann bleibt er lange frisch.

3. Und wenn du einen Kuchen hast,
so groß wie'n Mühlenstein,
und Schokolade auch dazu,
dann lad uns alle ein.

So ein Fest

Der Tag ist sonnig,
aber Bär sitzt unzufrieden
vor seiner Höhle.

Sein bester Freund spürt gleich,
5 dass etwas nicht stimmt,
und setzt sich einfach dazu.
„Du siehst traurig aus",
sagt der beste Freund.
„Ja", sagt Bär und seufzt:
10 „Morgen habe ich Geburtstag.
Aber ich kann dieses Fest
nicht ausstehen."

„Weißt du,
dann kommt meine Oma und
15 umarmt mich ganz fest,
sie drückt und schmust.
Aber ich mag diese Oma-Küsse nicht."
Der beste Freund nickt.

„Und dann kommen
20 meine beiden Cousins.
Die stürzen sich immer
auf den Kuchen,
bevor ich die Kerzen
ausblasen kann."

25 Der beste Freund nickt.
Er schweigt lange.

Schließlich fragt er:
„Was würdest du denn
am liebsten machen?"
30 „Fischen!
Den ganzen Tag
am Fluss sein und fischen.
Und Kuchen essen –
nur du und ich."

35 Der beste Freund springt auf
und ruft:
„Abgemacht!
Los, wir schreiben einen Zettel."

Am nächsten Tag,
40 früh am Morgen des Geburtstages
steht der beste Freund
vor der Höhle und singt.
Und dann schenkt er dem Bären
eine Angelrute;
45 genau die, die der sich schon lange wünschte.

Und zusammen gehen sie zum Fluss.
So ein Fest, denkt der Bär.

Elle van Lieshout

Ideen für Sprachkünstler

Maya, Anna und Ellyn spielen eine Geschichte

Die Geschichte
„Sophie ist ängstlich"
finden wir toll.
Wir wollen die Geschichte
gerne vorspielen.

Zuerst lesen wir
die Geschichte
noch einmal genau.

Dann verteilen wir die Rollen.
Wer spielt Sophie?
Wer spielt Katja?
Wer spielt Frau Heinrich?

Wir überlegen uns, was wir zum Spielen brauchen.

Dann suchen wir uns einen Platz zum Spielen. Dazu müssen wir ein paar Tische wegschieben.

Bevor wir vor anderen Kindern spielen, müssen wir erst noch proben.

Nun kann das Spiel beginnen. Und wer schaut zu?

Du kannst auch andere Geschichten vorspielen. Versuche es doch mal mit „Das Fest" auf S. 20/21.

23

Herzklopfen und Magenknurren

Tomaten

Nein!

Tomaten

ess ich nicht!

Orangefarbene Lakritzstangen vom Jupiter

Ich habe eine jüngere Schwester, die heißt Pia.
Manchmal bitten mich Mama und Papa,
ihr das Essen zu machen.
Das ist Schwerstarbeit.

5 Pia schaut auf den Tisch.
„Was machen diese Möhren hier?
Ich esse doch keine Möhren."

Und ich sage: „Oh, glaubst du, das wären Möhren?
Das sind keine Möhren.
10 Das sind orangefarbene Lakritzstangen
vom Jupiter."

„Na gut, vielleicht probiere ich eine."
„Mmmh, nicht schlecht", sagt sie und beißt noch mal ab.

Lauren Child

Lisa und die Zahnfee

Lisa steht im Flur
und schreit ganz fürchterlich.

Der erste Milchzahn ist ausgefallen,
gerade, als sie in ihren Apfel gebissen hat.
5 „Das ist doch nicht schlimm", sagt Mama.
„Jetzt wächst da ein neuer Zahn.
Und wenn du diesen heute Nacht
unter dein Kopfkissen legst,
kommt die Zahnfee vom Himmel
10 und holt ihn."

Am nächsten Morgen wacht Lisa mit den ersten
Sonnenstrahlen auf.
Lisa hebt ihr Kissen hoch ...

Simone Nettingsmeier

Zahnwechsel

Ein kleines Kind hat 20 Milchzähne.
Nach und nach fallen die Milchzähne heraus.

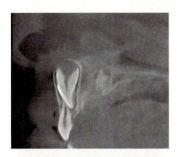

Unter dem Milchzahn wächst ein neuer Zahn.

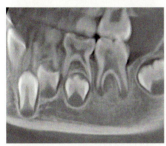

Die Wurzel des Milchzahnes löst sich auf.
Der bleibende Zahn schiebt sich nach oben.

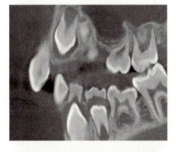

Der Milchzahn wackelt.
Er fällt heraus.

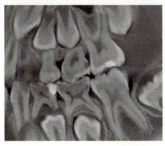

In der Lücke wächst der bleibende Zahn nach.
Er ist größer als der Milchzahn.

Sind alle Milchzähne herausgefallen, hat man
28 bleibende Zähne.
Manche Menschen haben noch vier weitere Backenzähne,
die Weisheitszähne. Dann haben sie 32 Zähne.

Auch ein Elefant hat mal Zahnschmerzen

Sonntagmittag klingelt das Telefon
bei Lisas Mama. Sie ist Zahnärztin.
Nachdem sie den Hörer wieder aufgelegt hat,
sagt sie zu Lisa:
5 „Ich fahre in den Zoo, es handelt sich um einen Notfall,
im Elefantenhaus.
Willst du mit?"
Lisa kommt natürlich mit.

Und auf der Fahrt zum Zoo
10 erklärt ihr Frau Dr. Bohrmann,
worum es geht.
Sie ist gerufen worden, um einem Elefantenbullen
zu helfen.
Der ist dreimal so hoch wie Lisa.
15 „Und er wiegt etwa siebenmal so viel
wie das Auto von Papa", erklärt Lisas Mama.

Der Zootierarzt hat den Elefantenbullen
schon betäubt.
Jetzt können sich Frau Dr. Bohrmann und
20 Lisa den entzündeten Zahn ansehen.

Mit einem Riesenbohrer bohrt sie
einen Kanal in den Zahn.
Dann spült sie den Zahn mit Wasser
aus dem Gartenschlauch aus und
25 danach bekommt der Elefant
noch eine Riesenspritze.
„So", sagt Frau Dr. Bohrmann,
„wenn er aufwacht,
sollte es ihm schon besser gehen."

30 „Müssen Zahnärzte öfter Tiere behandeln?",
staunt Lisa.
„Nein, eigentlich nicht",
erwidert ihre Mama.
„Aber Elefanten sind mein Hobby.
35 Und ich weiß eine ganze Menge
über ihre Stoßzähne.
Deshalb werde ich geholt,
wenn ein Elefant Zahnschmerzen hat.
Das passiert nämlich nicht nur uns Menschen."

Annette Fienieg

Krank sein

Fabian ist krank.
Ihm ist langweilig. .
Endlich kommt seine Schwester Lea.
Sie bringt ihm Briefe
von seinen Freunden.
Fabian und Lea lesen die Briefe.
Dann spielen sie ein Spiel:

Das hilft bei Langeweile

Mit verbundenen Augen malen:
Verbinde die Augen!
Zeichne ein Tier!

Bücher lesen!

Was ist es?

Ein Irrgarten im Schuhkarton:
Klebe in den Deckel eines
Schuhkartons Wände.

Lege eine Murmel an
den Anfang des Irrgartens.
Bewege den Deckel und lenke so
die Murmel durch den Irrgarten.

Kassetten
hören!

33

Gurkenkicker

Atze und Sven wählen Mannschaften.
Oliver und ein Neuer bleiben übrig.

Oliver wird immer am Schluss gewählt.
Er spielt nicht besonders gut Fußball.
5 Die anderen nennen ihn
einen Gurkenkicker.
Aber als Verteidiger ist Oliver
trotzdem ganz brauchbar.

„Wie heißt du?"
10 fragt Sven den Neuen.
„Florian."
„Spielst du gut?"
„Weiß nicht", sagt Florian.
„Stürmer oder Verteidiger?",
15 fragt Atze.
„Weiß nicht", sagt Florian.
„Ich nehme Oliver", sagt Sven.

Atze nimmt murrend den Neuen.
Er schickt ihn als Stürmer
20 nach vorne.
„Das ist dein Mann, kapiert?",
sagt Sven zu Oliver.

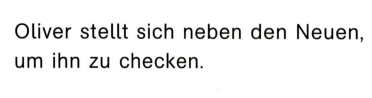

Oliver stellt sich neben den Neuen,
um ihn zu checken.

34

₂₅ Kaum hat das Spiel begonnen,
kommt der Ball auf die beiden zu.
Florian fängt den Ball mit den Händen.

„Wir spielen Fußball, du Pfeife", schnauzt Atze Florian an.
„Tut mir leid", sagt Florian.

₃₀ „Mach dir nichts daraus", raunt Oliver ihm zu.
Dann führt er den Freistoß aus.
Der Ball geht ins Aus.

Oliver und Florian werden kaum noch angespielt.
Sie haben viel Zeit, um sich zu unterhalten.

₃₅ Als Atzes Mannschaft fünf Tore im Rückstand ist,
gibt Atze auf.
„Mit so einer Gurke kann man ja nicht gewinnen",
meckert er und geht nach Hause.

„Du", sagt Florian zu Oliver. „Kickst du morgen mit mir?"
₄₀ „Ich?", fragt Oliver erstaunt.
„Ja", sagt Florian. „Du spielst doch gut."
Das hat noch keiner zu Oliver gesagt.

Und vom nächsten Tag an üben die beiden.
Schießen, stoppen und Pässe schlagen.
₄₅ Bald sagt keiner mehr, dass sie Gurkenkicker sind!

Werner Färber

Mit allen Sinnen erleben

Was hörst du?

Sei für eine Minute ganz still!
Was hörst du?

Was fühlst du?

Lege einen Weg mit
Laub, Moos, kleinen Ästen,
Sand, Steinen ...!
Gehe ohne Schuhe
mit geschlossenen Augen
über den Weg!
Was fühlst du?

Was riechst du?

Sammele duftende Blüten,
frisches Holz, Erde, Laub!
Rieche daran!
Was ist was?

Einen Baum erspüren

Führe einen Partner,
der die Augen verbunden hat, zu einem Baum!
Dieser befühlt den Baum.
Findet er ihn später wieder?

Der Neinrich

Leo ist wütend.
Seine Tante Karin hat ihm wieder
einen Kuss auf die Wange gegeben.
Dabei will er das schon lange nicht mehr.

5 Wie immer, wenn er wütend war, holte er
seinen Zeichenblock und die Buntstifte.
Irgendwie liefen die Stifte von selbst.
Als Leo sah, was er gezeichnet hatte, wunderte er sich.
Er zeichnete sonst nie komische kleine Männchen.

10 Leo wollte den Zeichenblock wegschieben, als er sah,
dass seine Zeichnung verschwunden war.

„NEIN!!!", sagte jemand sehr entschieden.
Leo schaute sich um.
Der ulkige Wicht, den er gezeichnet hatte,
15 spielte mit dem Radiergummi Fußball.

„Wer bist denn du?", fragte Leo.
„Ich bin der Neinrich", sagte der Kleine.
„Ich bin dazu da, dir das NEINsagen beizubringen."

„Sag NEIN!"

„Sag NEIN!"

„Sag NEIN!"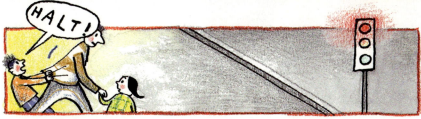

„Sag NEIN!"

„Einfach NEIN sagen zu Tante Karin?" fragte Leo zweifelnd.
„Einfach NEIN sagen", bestätigte der Neinrich.

25 Da kam Leos Mutter in das Zimmer.

„Es gibt gleich Abendessen", sagte Leos Mutter.
„Deckst du den Tisch?"
„Ja", sagte Leo.
So viel war ihm klar: Das hier war zum Neinsagen
30 nicht die richtige Zeit.
ABER DIE WÜRDE SCHON NOCH KOMMEN.

Edith Schreiber-Wicke

39

Regina schreibt einen Brief

Weil Lea heute krank ist, will ich ihr einen Brief schreiben.

Zuerst suche ich mir schönes Papier aus.

Dann schreibe ich den Brief.

40

Ich erzähle,
was in der Schule passiert ist.   Wir haben Käfer und Schnecken gesehen. Das war toll!

Den Brief beende ich so: Komm bald gesund wieder!
Deine Regina

Dann bringe ich den Brief zur Post.

Schreib mir doch mal einen Brief!

Miteinander und Durcheinander

Ich mag

Ich bin ich

Manchmal,
wenn ich mich
im Spiegel
so frech anlache

könnt ich mich glatt
selbst in den Arm nehmen.

Andrea Schwarz

Gefährlicher Sprung

Im Finale flitzt Alexander vom Start los.
Nach der letzten Kurve fliegt er an Louis vorbei
und gewinnt das Rennen.

Nach dem Rennen streiten Alexander und Louis.
5 „Ich kann trotzdem besser fahren als du",
behauptet Louis.
„Kannst du nicht", widerspricht Alexander.
„Kann ich doch!"

Louis ist wütend. Er fährt zum Ende
10 des Platzes, wo eine kleine Treppe
mit zwei Stufen ist.
„Na, los, komm schon!", ruft er.
„Oder traust du dich nicht?"

„Los jetzt!", ruft Louis.
15 Alexander atmet noch einmal tief durch
und nimmt Anlauf.
Kurz vor der Treppe bremst er ab.
„Was ist?", fragt Louis.
„Ich bin doch nicht blöd und breche mir
20 wegen dir die Knochen", antwortet Alexander.

Manfred Mai

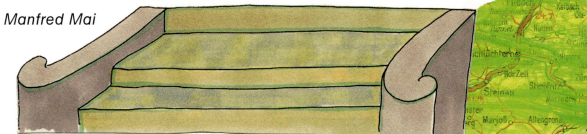

Das Küken und das junge Entlein

Ein Entenjunges kroch aus dem Ei.

 „Ich hab mich durchgepickt."

 „Ich auch."

„Ich geh spazieren."

„Ich auch."

 „Ich buddele ein bisschen."

 „Ich auch."

„Ich hab einen Wurm geschnappt."

„Ich auch."

 „Einen Schmetterling hab ich gehascht."

„Ich auch."

„Ich will nun baden."

 „Ich auch."

 „Ich kann schwimmen."

„Ich auch."

„Hilfe! ..."

Das Entenjunge zog das Küken aus dem Wasser.

 „Ich geh noch mal baden."

„Aber ich – nicht."

Wladimir Sutejew

47

Freunde

Freunde kichern,

 trösten,

 helfen,

teilen,

 streiten,

vertragen sich.

Freunde haben sich.

 48 → AH S. 33

Was Freunde zusammen tun

Ferien zusammen verbringen

Räuber und Prinzessin spielen

Eis mit Erdbeeren essen

Unter einer Decke liegen

Nusskuchen backen

Dienstags schwimmen gehen

Ein Geheimnis haben

Meine Füße sind der Rollstuhl

Jeden Morgen gegen sieben Uhr erwacht Margit.
Verschlafen setzt sie sich im Bett auf.
Sie beginnt, sich allein anzuziehen.
Es fällt ihr schwer, in die Schuhe zu schlüpfen.
5 Mit ihren Fingern erreicht sie kaum die Zehenspitzen.

Jeden Morgen gegen acht Uhr hat Margit sich
fertig angezogen.
Sie fasst sich an den Beinen und
zieht sich über die Bettkante.

10 Das Frühstück steht bereits auf dem Tisch.
„Mutti, wo ist die Marmelade?", ruft Margit.
„Sie steht im Schrank", kommt die Antwort aus
dem Wohnzimmer.
Margit holt die Marmelade selbst.
15 „Fährst du für mich einkaufen?", fragt Margits Mutter.
„Gerne", freut sich Margit.
Es ist das erste Mal, dass sie allein
in den Supermarkt fahren darf.
Margit fährt stolz davon.

Franz-Joseph Huainigg

Streiten

Nein!

Doch!

Nein!

Doch!

Nein!

Doch!

NEIN!

DOCH!

Warum sich Raben streiten

Weißt du, warum sich Raben streiten?
Um Würmer und Körner und Kleinigkeiten,

um Schneckenhäuser und Blätter und Blumen
und Kuchenkrümel und Käsekrumen

und darum, wer Recht hat und unrecht, und dann
auch darum, wer schöner singen kann.

Mitunter streiten sich Raben wie toll
darum, wer was tun und lassen soll,

und darum, wer Erster ist, Letzter und Zweiter
und Dritter und Vierter und so weiter.

Raben streiten um jeden Mist.
Und wenn der Streit mal zu Ende ist,

weißt du, was Raben dann sagen?
Komm, wir wollen uns vertragen!

Frantz Wittkamp

Tina ist traurig.

Was ist los?

Zum Heulen

Wenn ich etwas
zum Heulen finde,
heule ich mich leer.
Kummer schlucken
macht mich wütend
und das Herz mir schwer.

Wenn ich etwas
zum Freuen finde,
freue ich mich satt.
Und ich teile
meine Freude
mit dem, der keine hat.

Ute Andresen

Alles Familie

Jede Familie ist anders.

Wie ist deine Familie?

Familie ist da,
wo ich mich zu Hause fühle.

Pierre

Ich heiße Pierre.
Ich bin sechs Jahre alt und habe vier Geschwister.
Das ist meine Familie.
Wir leben in Kamerun.
Das ist ein Land in Afrika.

Manchmal regnet es viele Wochen.
Dann gehe ich in die Schule und
lerne fischen, tanzen und Pflanzen zu sammeln.

Kannst du mich sehen?
Ich trage ein blaues T-shirt.

Abends im Bett

Abends im Bett
ist mir nicht bange:
Mama ist da,
ich hör sie noch lange.

Ich höre es rascheln –
ich glaube, sie liest.
Sie räuspert sich leise.
Jetzt hat sie geniest!

Das Telefon klingelt.
Sie redet und lacht.
Ihr Bett knarrt. –
Nun hat sie
das Licht ausgemacht.

Ute Andresen

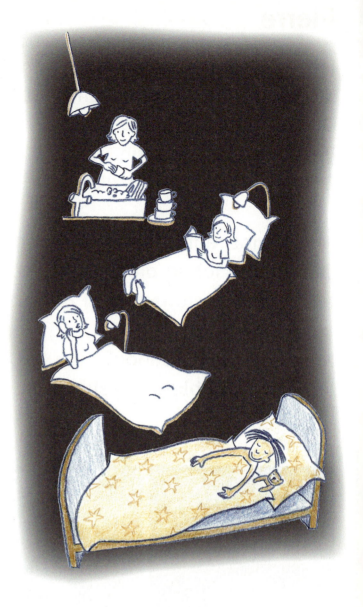

Meine Mama ist da in der Nacht.
Ich liege im Bett und bin nicht allein.
Am Telefon redet Mama und lacht.
Jetzt schlaf ich gut ein.

Angst

Angst, geh weg!
Ich kenne einen tollen Spruch.
Den sag ich immer dann,
wenn ich mal richtig ängstlich bin.
Hör dir den Spruch mal an:

Grusel, Grusel
Furcht und Schreck
Angst verschwinde
Angst geh weg!

KNISTER

→ AH ✏ S. 40

Ideen für Sprachkünstler

Taha und Jasmin schreiben ein Buch

Wir haben das Gedicht
„Ich bin ich" gelesen.

Nun wollen wir über uns schreiben und malen.

Wir holen
Papier und
einen **Locher**.
Dann machen wir eine
schöne **Kordel**.

60

Wir basteln ein Ich-Buch:

Ich schreibe und male über mich und meine Freunde.

Ich schreibe und male über mich und meine Familie.

Du kannst auch deine Freunde in dein Ich-Buch schreiben lassen.

61

Wiesenzwerge und Baumriesen

Auf der Erde kann ich stehn

Auf der Erde kann ich stehn,
vieles kann in ihr geschehn,
vieles wächst aus ihr heraus.
Auf der Erde steht mein Haus.

Wolf Harranth

Bitte

Menschen, liebe Menschen,
lasst die Erde stehn.
Schaut, sie ist so wunder-,
wunder-, wunderschön.

Viktoria Ruika-Franz

Ich weiß einen Stern

Ich weiß einen Stern
gar wundersam,
darauf man lachen
und weinen kann.

Mit Städten, voll
von tausend Dingen.
Mit Wäldern, darin
die Vögel singen.

Ich weiß einen Stern,
drauf Blumen blühn,
drauf herrliche Schiffe
durch Meere ziehn.

Er trägt uns, er nährt uns,
wir haben ihn gern:
Erde, so heißt
unser lieber Stern.

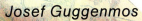
Josef Guggenmos

Mit offenen Augen

Ich staune
über den Regenbogen.

Ich staune
über die Sterne.

Ich staune
über das bunte Leben
in der Wiese.

Ich staune
über den riesigen Baum und
das kleine Samenkorn.

Ich staune über funkelnde Augen
in der Dunkelheit.

Mit offenen Augen
gehe ich durch die Welt.
Ich entdecke
immer Neues.

Staune

dass du bist
erlebe die welt
als wunder
jedes blatt hat sein
geheimnis
jeder grashalm bleibt
ein rätsel

Günter Ullmann

Tiere

Die Welt ist
voller Tiere.
Es gibt
kleine
und
große,
gefährliche
und
harmlose.

Ingrid und Dieter Schubert

Was Tiere können

Viele Tiere
können springen,

andre möchten
lieber singen.

Manche wollen
ganz gern fliegen,

andre bleiben
besser liegen.

Dann gibt's welche,
die gut tauchen,

und auch welche,
die laut fauchen.

Manche können
sehr schlecht sehn,

andre dafür
richtig gehn.

Detlef Kersten

Tierrekorde

Dieser Wal wiegt so viel wie 26 Elefanten:

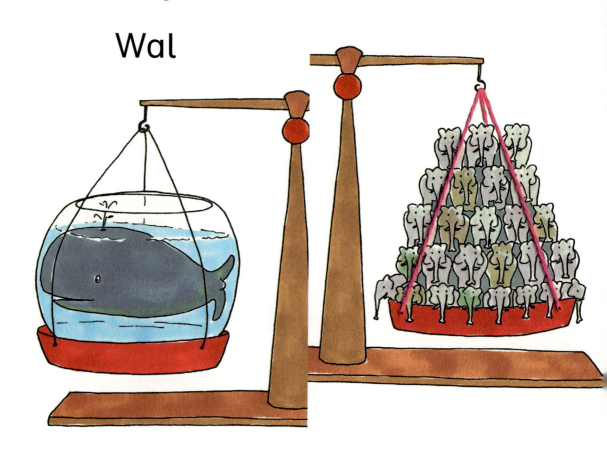

→ AH S. 45

Der Kolibri ist so groß wie dein Zeigefinger.
Er lebt in Amerika.
Der Kolibri isst Nektar von Blumen.
Er kann wie ein Hubschrauber
in der Luft stehen bleiben.

Der Gepard ist das schnellste Landtier.

Die Giraffe hat einen langen Hals.
Sie kann durch das Fenster
des zweiten Stocks
schauen.

Naturwunder

riesig
Titanwurz

uralt
Grannenkiefer

gefräßig
Kannenpflanzen

giftig
Knollenblätterpilz

stark
Löwenzahn

Ein Samenkorn

Jörg kommt nach Hause.
Er sagt:
„Ratet mal, was ich
in meiner Hand halte!
Ich will es euch erzählen.
Ich habe einen Baum
in meiner Hand!
In seiner Krone
können viele
Vögel wohnen.
Oder glaubt ihr mir
etwa nicht?"

Karel Eykman

Sommer

In einer Wiese gehn,
sie anschaun und verstummen:
die Blumen leuchten schön,
die Bienen summen,
Käfer krabbeln im Gras,
Ameisen schleppen dies und das,
eine pelzige Hummel
fliegt mit Gebrummel
über die Gräser dahin.
Ganz weiß und leise
geht ein Schmetterling
auf die Reise ...

Hoffentlich bleibt diese Wiese
noch viele, viele Jahre so!

Georg Bydlinski

Wiese

Käfer

Ameise

Blume

Hummel

Biene

Schmetterling

Gras

Schätze sammeln

Ich habe etwas gefunden.
Es ist ein Schatz.
Ich lege den Schatz
in eine schöne Kiste.
Meine Schatzkiste!
Was ist in deiner Schatzkiste?

Johanna:
Ich gehe oft in den Park.
Dort finde ich Stöcke, Blätter, Steine
und manchmal auch ein
Schneckenhaus.

Achmed:
Ich sammle Kronkorken.
Daraus baue ich schöne Rasseln
oder Halsketten.

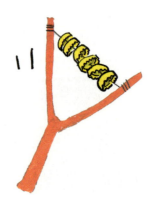

Wir machen eine Ausstellung

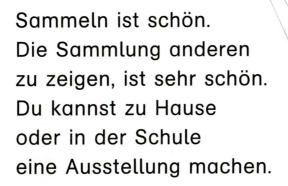

Sammeln ist schön.
Die Sammlung anderen
zu zeigen, ist sehr schön.
Du kannst zu Hause
oder in der Schule
eine Ausstellung machen.

Ideen für Sprachkünstler

Janina und Jonas gestalten ein Plakat

Wir finden Wale spannend.
Wir wollen mehr wissen
und unserer Klasse
darüber berichten.

Dafür wollen wir ein Plakat gestalten:

Zuerst lesen wir in Büchern.

Dann schauen wir im Internet.

Wir malen Bilder und
schneiden Fotos aus.

Dann ordnen wir alles.
Wir kleben die Bilder und Fotos
auf eine große Pappe
und schreiben und malen dazu.

Mit dem Plakat stellen wir den Wal vor:

Traumfänger und Erfinderglück

Traumtapeten

Traumtapeten, Traumtapeten,
gebt mir bitte Traumtapeten
und Tapetenkleister,
Traumtapetenmeister.

Traumtapeten, Traumtapeten,
gebt mir bitte Traumtapeten
voll mit wilden Tieren,
will ich tapezieren.

Traumtapeten, Traumtapeten,
gebt mir bitte Traumtapeten
voll mit vielen Schafen,
dann kann ich gut schlafen.

Erwin Grosche

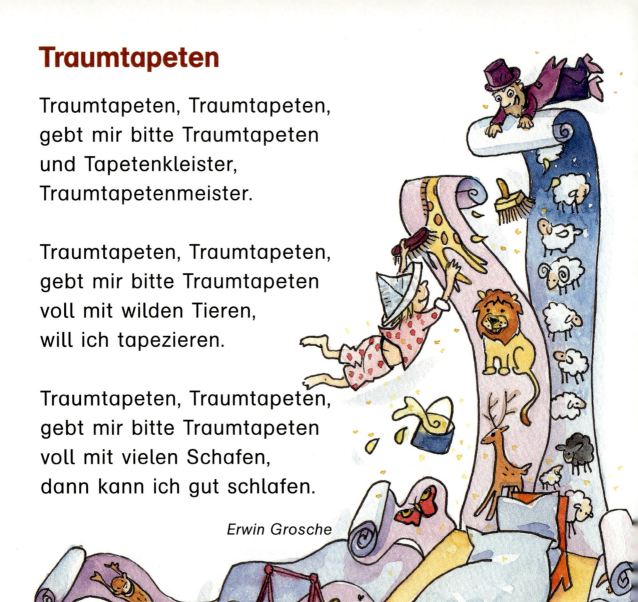

Träumen

Ich kann fliegen.

Ich wohne in einem Schloss.

Mein Hund kann sprechen.

Ich tauche im tiefen Meer.

Ich bin ganz stark.

Traumfänger

Der Traumfänger kommt
aus der Welt der Indianer Nordamerikas.
Auf indianisch heißt er Titlahtin. Das bedeutet:
„Das, was mich beruhigt".
Er soll die bösen Träume verjagen.
Gute Träume können durch das Netz hindurch,
schlechte Träume bleiben hängen.

Bastele dir einen Traumfänger!

Das brauchst du:

- Ring aus Metall, Draht oder Holz (15–20 cm Durchmesser)
- dickes Band oder Wolle
- festes Garn
- Perlen, Federn und Sachen aus der Natur

So gehst du vor:

1. – Reifen mit Wolle oder Band fest umwickeln
   – Anfang und Ende festkleben

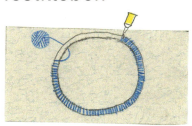

2. – Perlen auf festes Garn auffädeln

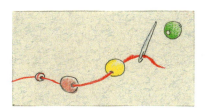

3. – das Garn am Ring festknoten

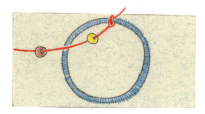

4. – das Garn so um den Ring wickeln, dass ein Dreieck entsteht

5. – am Garnende Federn oder andere Sachen aus der Natur aufhängen

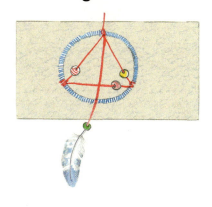

Fertig,
träume etwas Schönes!

85

Vom dicken, fetten Pfannekuchen

Es waren einmal ,

die gerne Pfannekuchen essen wollten.

Da gab die eine ein , die zweite

und die dritte und in eine Schlüssel.

5 Als der fertig war,

lief er den weg

und lief kantapper, kantapper in den hinein.

Da kam ein und rief: Dicker, fetter ,

bleib stehen, ich will dich fressen!

10 Der antwortete:

Ich bin weggelaufen und soll dir

 Wippschwanz nicht entwischen?

Und lief kantapper, kantapper in den hinein.

Da kam ein Wolf und rief: Dicker, fetter ,

15 bleib stehen, ich will dich fressen!

Der antwortete:

Ich bin weggelaufen und Wippschwanz und

soll dir  Dickschwanz nicht entwischen?

Und lief kantapper, kantapper in den ![] hinein.

20 Da kam ein ![] und rief: Dicker, fetter ,

bleib stehen, ich will dich fressen!

Der ![] antwortete:

Ich bin ![] weggelaufen, ![] Wippschwanz,

![] Dickschwanz und soll dir ![] Blitzschwanz

25 nicht entwischen?

Und lief kantapper, kantapper in den ![] hinein.

Da kamen drei ![], die hatten keinen

und keine mehr und sprachen:

Lieber , bleib stehen,

30 wir haben noch nichts gegessen, den ganzen Tag!

Da sprang der ![]

den Kindern in den

und ließ sich von ihnen essen.

Deutsches Volksmärchen

Engel, noch tastend

Paul Klee: Engel, noch tastend

Paul Klee wurde 1879 in der Schweiz geboren.
Seine Bilder hängen in vielen
großen Museen der Welt.
Er malte bei jeder Gelegenheit,
als Kind sogar in seine Schulhefte.
Auch als Paul Klee sehr krank wurde,
malte er noch jeden Tag. Viele Engel.

Mario Giordano

Im Museum

Petra malt gerne.
Die Lehrerin sagt immer: „Male sauber,
damit man erkennen kann, was du malst".

Eines Tages besucht Petra
5 mit ihren Eltern ein Museum.

Nachdenklich steht sie vor einem Bild
eines berühmten Malers.
Petra sagt laut: „Mama, sehr sauber hat
der Maler aber nicht gemalt".
10 Alle Leute lachen laut.

Wir feiern ein Gespensterfest

Einladung nach Gruselhausen

Wer bist du?

Bist du das Burggespenst?

Bist du das Kellergespenst?

Bist du das Wassergespenst?

Bist du das Drachengespenst?

Komm, wenn es dunkel wird!

Deine Isabel von Eulenschrei

Gespenster können schaurig heulen

Ho**ho**hohoho

Hehe**he**heheeee

Huhuhuhuhhhhh

Ha**ha**ha**ha**hhah

Und wer lacht: Hi**hi**hihihi?

Gespenster

Gespenstern wir durch alle Zimmer
mit HUHUHUUU und mit Gewimmer,
kriegt Vater einen dollen Schreck,
ihm bleibt vor Schreck die Sprache weg.
Wir ziehn das Betttuch runter –
er sieht, nur wir sind drunter.

Regina Schwarz

→ AH S.60

Willy Werkel baut ein Auto

Willy Werkel sammelt alte Sachen,
Maschinenteile, alte Apparate und Schrott –
alles eben. Er wohnt mit seinem Boxer Buffa
am Waldrand hinterm See,
5 an einem Steilhang.
Dort, wo der Weg zu Ende ist.

Eines Tages beschließt Willy Werkel,
ein Auto zu bauen.
Er will an das andere Ende des Weges fahren,
10 um zu sehen, was es dort gibt.
Buffa und Willi wühlen in den alten Sachen herum.
Willy murmelt: „Man braucht Räder, Achsen,
einen Motor und ein Getriebe,
Bremsen und Federn."

15 Zuerst sucht Willy die Achsen heraus.
Die Vorderachse muss anders sein
als die Hinterachse.
Die Vorderräder müssen sich bewegen können,
sonst lässt sich das Auto nicht lenken.

20 Willy kratzt sich am Kopf.
Jetzt kann man das Auto steuern –
aber wie soll es sich vorwärts bewegen?
Irgendwas fehlt.
Willy grübelt und grübelt.

25 Er öffnet die Motorhaube.
Er guckt.
Jetzt fällt ihm ein, was er vergessen hat.

George Johansson und Jens Ahlbom

92 → AH S. 63

Max, der Erfinder

Max ist Erfinder. Am liebsten erfindet er seltsame Berufe:

Flaschenöffner

 Kerzenhalter

Hosenträger

 Wolkenkratzer

 Staubsauger

Uhrzeiger

 Vogelbauer

 Brotmesser

Scheinwerfer

🎧 Fantastische Erfindungen

Erika erfindet eine Brille mit Brillengläserwischern.
Wenn sie im Winter von draußen in ein warmes Zimmer
kommt und die Brille beschlägt,
stellt sie den Brillengläserwischer ein.

5 Nadine erfindet einen Zauberfüller,
der alle Hausaufgaben allein löst.

Achmed erfindet einen Anziehroboter.
Er legt ihm abends seine Kleider zurecht
und hilft ihm morgens beim Anziehen,
10 damit es schneller geht.

Simon erfindet eine Innenbeleuchtung
für seinen Ranzen.
So findet er schneller die Schulsachen,
die er gerade braucht.

15 Erik erfindet eine selbstreinigende Hose.
Seitdem kommt er nicht mehr
mit schmutzigen Sachen nach Hause
und seine Mutter braucht auch nicht mehr
mit ihm zu schimpfen.

20 Fatima erfindet Kleider, die sich selbst flicken.
Nun kann sie weiterhin auf hohe Bäume klettern,
ohne dass ihre Mutter um ihre Kleider
Angst haben muss.

94

Was wäre, wenn es diese Erfindungen nicht gäbe?

Rad

Strom

Kalender

Hammer

Säge

Wasserwaage

Auto

Flugzeug

Telefon

Ideen für Sprachkünstler

Sascha erzählt ein Märchen

Das Märchen „Der dicke, fette Pfannekuchen" gefällt mir gut. Deswegen will ich es meiner Klasse erzählen.

Zu dem Märchen male ich mir Bilder auf einzelne Karten.

Die Bilder hänge ich in der richtigen Reihenfolge an einen roten Faden.

Mit Hilfe der Erzählkarten vergesse ich beim Erzählen bestimmt nichts.

Ich weiß, was es heißt, den Faden nicht zu verlieren.

Leseratten und PC-Mäuse

Lesen ...

... ist gemütlich!

... ist spannend!

... kann man überall!

... kann man auch zusammen!

... ist träumen!

... bringt Freude!

→ AH S. 68

Das Lesen

Das Lesen, Kinder, macht Vergnügen,
Vorausgesetzt, dass man es kann.
In Straßenbahnen und in Zügen
Und auch zu Haus liest jedermann.
Wer lesen kann und Bücher hat,
Ist nie allein in Land und Stadt.
Ein Buch, das uns gefällt,
Hilft weiter durch die Welt.

James Krüss

Auf ein Lesezeichen zu schreiben

Tollkühn legt die Räuberbraut,
die sich einfach alles traut,
in das Buch als Lesezeichen
Schokolade und dergleichen.
Aber dir
verehr ich hier
diesen Streifen aus Papier.

Josef Guggenmos

Ein Buch für Bruno

Ulla stieg auf die Leiter und
holte aus dem letzten Regalbrett das Buch.
Sie legte es auf den Boden und
schlug vorsichtig den Buchdeckel um.
Das Buch war jetzt so breit, dass
beide nebeneinander hineinsehen konnten.
„Das kann man ja gar nicht lesen",
sagte Bruno und zeigte auf die fremde Schrift.
„Ich schon", sagte Ulla. „Hör zu."
Und sie fing an, leise vorzulesen.

„Wo sind wir gewesen?"
„Im Buch", sagte Ulla.

Nikolaus Heidelbach

Wozu eigentlich Bücher?

Dik Browne

Ein Buch wandert von Haus zu Haus

Ein Buch von Katja

Ihr erstes Buch hat Katja „geschrieben",
bevor sie in die Schule kam.

Ihr Buch sollte wie ein richtiges Buch sein.
Also nahm Katja ein Stück Pappkarton und
5 legte mehrere weiße Blätter hinein, faltete alles
in der Mitte und nähte es mit einer Stopfnadel
aus Mamas Nähkorb zusammen.

Das war eine schwere Arbeit.

Bilder malen war dagegen puppenleicht.
10 Sie ließ hier und da eine Seite frei.

Und dann sagte sie Mama,
was auf den freien Seiten stehen sollte,
und Mama schrieb es hin.

„So", sagte Katja zufrieden, „jetzt bin ich eine echte
15 Geschichtenerzählerin", und schrieb VON KATJA auf den
„Buchdeckel".

Angelika Kutsch

Der Weg zum Buch

Autor — Der Autor denkt sich die Geschichte aus.

Text — Der Autor schreibt die Geschichte, den Text.

Verlag — Im Verlag wird die Geschichte überarbeitet.

Bild — Zu der Geschichte werden Bilder gemalt.

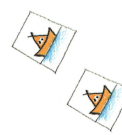

Druck — Die Seiten werden gedruckt.

Buch — Nun ist das Buch fertig.

Eine Buchhandlung:
Hier kannst du das Buch kaufen.

Wer hat das gemalt?

Frau Ballhaus malt Bilder zu Geschichten.

Ich male an meinem großen Arbeitstisch.

Manchmal wünsche ich mir, dass mein Arbeitstisch in einem sonnigen Garten mit einem Baum steht.

Ich male am liebsten kleine verrückte Sachen.

Leider kann ich nicht alles malen.

Oft spritzt Farbe auf meine
Brille und auf meine Haare.

Ich habe schon
als Kind ganz
viel gezeichnet.

Manchmal tun mir die
Finger weh.
Und ich mag nicht still
sitzen, sondern lieber
wandern.

Ich male mit Stiften und
mit Wasserfarben,
mit Tusche und
mit Wachskreiden,
mit der Feder und
mit Händen und und und ...

Verena Ballhaus

Ein Kanal für mich

Im Fernsehen werden viele Sendungen gezeigt.
Es ist nicht leicht, die richtige Sendung zu finden.

Aber hier kann ich suchen: Im Kinderkanal.

Schalt ein! Hier ist KI.KA.

Hier finde ich Sendungen, die Kinder schauen können.

Wissen macht Ah!

Hier werden tolle
Sachen vorgestellt.

Sendung mit der Maus

Mit Maus und Elefant gehe
ich auf Erlebnisreise.

logo!

Hier gibt es die wichtigsten Nachrichten für Kinder.

KI.KA Live

Hier werden spannende Themen gezeigt.
Oft sind Gäste im Studio.

KI.KA Kummerkasten

Hier werden Probleme von Kindern besprochen.

Kommt nix? Macht nix!
Erfinde dein eigenes Programm!

Fernsehen

In besonderen Zeitschriften finde ich
Sendungen und Filme für mich,
die im Fernsehen kommen.
Die Zeitschrift hilft mir, die richtige
Sendung und den richtigen Film
auszuwählen.
Hier steht auch, wann sie beginnen und
wie lange sie dauern.

Ideen für Sprachkünstler

Lena bastelt eine Leseschachtel.

Das Buch „So ein Fest" hat mir gefallen. Dazu habe ich eine Leseschachtel gebastelt.

Ich habe mir eine Schachtel ausgesucht.

Die Schachtel habe ich mit schönem Papier beklebt.

Zu meiner Geschichte habe ich mir wichtige Gegenstände überlegt.

Zuerst habe ich einen Teddybären in die Schachtel gelegt.

Dann kam ein zweiter Teddy dazu.

Zuletzt habe ich einen Zettel in meine Schachtel gelegt.

Mit den Sachen in meiner Schachtel habe ich die Geschichte den anderen Kindern vorgestellt.

Mach doch mal eine Lesekiste zu der Geschichte „Ein Buch von Katja" auf S. 106/107.

Herbsttöne und Frühlingsfarben

Herbst

Blätter fallen.

Falle,

falle,

falle,

gelbes Blatt,

rotes Blatt,

bis der Baum

kein Blatt mehr hat,

weggeflogen alle.

Lisa Bender

Nebel

Laura sieht aus dem Fenster.
Alles sieht heute so anders aus.
Weiße Schleier
schweben über der Wiese.
Leicht und luftig.

Wo ist die Schaukel?

Wo ist der Baum?

Wo ist der Zaun?

Eine Geschichte vom Nikolaus

„Wie schnell so ein Jahr um ist!", sagt der heilige Nikolaus.
Alles ist schon bereit für die große alljährliche Nikolaus-Tour.
Wenn Bart und Haare trocken sind, geht es los.
Da fährt ein Luftzug zum offenen Fenster herein und nimmt die
5 Bischofsmütze mit.

„Ach, du heiliger Schreck!", ruft er. „Ich muss den Hut
unbedingt wiederhaben. Ohne meinen Hut erkennt
mich ja keiner."

Mit nassem Haar und nassem Bart läuft Nikolaus
10 zu seinem Nachbarn.
„Grüß Gott, lieber Franz!
Ich hab meinen Bischofshut verloren.
Hast du ihn gesehen?"
„Leider nein, lieber Nikolaus ..."
15 „Aber ich vielleicht!", blökt das Lieblingslamm.
„Wo ist er hingeflogen?"
„Abwärts natürlich. Zur Erde hinunter."
„Danke, liebes Lamm", sagt Nikolaus.

„Ich werde die Kinder um Hilfe bitten.
20 Vielleicht haben sie meinen Bischofshut gesehen."

122   → AH S. 82

Als Erstes wollen die Rentiere ihn nach Lappland bringen.
Die Lappenkinder schütteln betrübt die Köpfe.
Nein, sie haben nichts gefunden.
Der heilige Nikolaus tut ihnen leid,
25 so ganz ohne seine Mütze.
Man erkennt ihn ja nicht.
„Versuch's mal mit meiner!", sagt ein kleiner Junge.
Die Kinder flüstern miteinander. Schließlich sagen sie:
„Du siehst aus wie unser Großvater,
30 wenn er auf Robbenjagd geht."
„Nicht wie der heilige Nikolaus?", fragt Nikolaus.
„Leider nein."
„Dann muss ich woanders suchen", seufzt der Nikolaus.
Zum Dank lässt er die Lappenkinder tief
35 in den Nikolaussack greifen.
Dann fährt er weiter. Weiter nach Indien.
Dort sind die Kinder genauso ratlos wie
die Kinder in Lappland.
Nikolaus seufzt: „Dann muss ich woanders suchen."
40 Er lässt die Kinder zum Dank
tief in seinen Sack greifen.
Dann fährt er weiter.
„Vielleicht hat sich dein Hut nach China verflogen",
meinen die Rentiere.

Nach Mira Lobe, Eine Geschichte vom Nikolaus.
Text gekürzt und bearbeitet.

Geschenke

Ich lasse Papa ausschlafen.
Tina

Ich umarme Mama ganz fest.
Maximilian

Ich baue mit meinen kleinen Bruder ein Haus aus Lego.
Svenja-Maria

Ich spiele mit Oma Karten.
Mirko

124 → AH S. 83

Das Kind in der Krippe

„Muh", brummt der Ochse
in Bethlehems Stall.

„Ih ah!" haucht der Esel
ganz ohne Krawall.

„Ich freu mich", flüstert Josef,
der gute Mann.

„Ich auch", sagt Maria,
so leise sie kann."

Da beginnt das Kind
in der Krippe zu schrein:
„Wer sich freut, dass ich lebe,
darf lauter sein!"

KNISTER/Paul Maar

Spuren im Schnee

Es hat die ganze Nacht geschneit.
Nun ist alles weiß.
Aber da sind Spuren im Schnee.

Was war hier bloß los?

Gerda Müller

Die drei Spatzen

In einem leeren Haselstrauch
da sitzen drei Spatzen, Bauch an Bauch.

Der Erich rechts und links der Franz
und mitten drin der freche Hans.

Sie haben die Augen zu, ganz zu,
und oben drüber da schneit es, hu!

Sie rücken zusammen dicht an dicht.
So warm wie der Hans hats niemand nicht.

Sie hören alle drei ihrer Herzlein Gepoch.
Und wenn sie nicht weg sind, so sitzen sie noch.

Christian Morgenstern

Über Nacht

Tulpe   Käfer   Regen   Sonne
Krokus   Nest   Amsel

128 → AH S. 85

Der Frühling

Der Frühling hat fast über Nacht
die braunen Wiesen grün gemacht
und zieht dem Garten dann
die schönsten Kleider an.
Er macht den Katzen schnelle Beine,
trocknet Wäsche an der Leine,
holt die Schnecken aus dem Haus
in den Frühlingsregen raus.
Er lässt die Käfer wieder krabbeln
und die Kinder wieder zappeln.
Der Frühling hat fast über Nacht
mit dem Winter Schluss gemacht.

Bernhard Lins

Das Ei

Es fiel einmal ein Kuckucksei
Vom Baum herab und ging entzwei.

Im Ei da war ein Krokodil:
Am ersten Tag war's im April.

Joachim Ringelnatz

April, April

So ein verrückter Tag

    ein   Sturmtag   Regenbogen

    ein   Hageltag

    ein Sonnentag   Wind

    ein Schneetag

    ein   Windtag   Schnee

    ein Wolkentag

    ein Sonnentag   Regen

    ein   Regentag

ein Regenbogentag

          im April.   Sonne

Erich Jooß

Das Küken aus dem Ei

Die Henne legt Eier.

Die Henne hält die Eier warm.
Sie brütet.
In jedem Ei wächst
ein Küken heran.

Nach 21 Tagen
pickt das Küken
ein Loch in die Schale.

Viele Stunden später
schlüpft das Küken.
Es ist noch nass und müde.

Nun ist das Küken trocken.
Es hat einen weichen Flaum.
Sofort kann es laufen und picken.

Schokoladenhase

Da war ein Schokoladenhase, der hatte keine Lust,
von den Kindern gegessen zu werden.
„Ich verstecke mich einfach", sagte er, tat's auch.
Keiner fand ihn.
5 Und der Frühling kam, der Sommer.
Es wurde warm, und der Hase freute sich.
Oh, es wurde ihm warm ums Herz.
So warm!
Und auf einmal,
10 war er nicht mehr da.
Geschmolzen. Der Hase.
Es ist besser, es bleibt jeder in seiner Jahreszeit.

Elisabeth Zöller

Die Schnecke

In Wald und Garten
lebt ein Tier,
das macht im Winter
zu die Tür.
Geht es im Frühling
wieder aus,
bleibt es doch immer
halb zu Haus.

Josef Guggenmos

Wenn die Schnecke Urlaub macht

„Ich kann das Kofferschleppen nicht
leiden,
ich packe nicht gerne ein und aus",
sagte die kleine Schnecke bescheiden
und verreiste gleich mit dem ganzen Haus.

Christine Busta

Die Weinbergschnecke

Die Schnecke hat
einen weichen Körper,
vier Fühler und ein Haus.

An der Spitze der langen Fühler
sind zwei winzige Augen.
Mit den beiden kleinen Fühlern
tasten die Schnecken den Boden ab.
Die Schnecke hat eine Raspelzunge.
Damit frisst sie Löcher in die Blätter.

Die Schnecke frisst sehr viel:
Blätter, Salat, Gemüse und Pilze.

Ihr Haus wird ständig größer.

135

Aufregende Ferien

Max schaut zu Felix hinüber. Ob er wohl schon schläft?
Heute am ersten Ferientag dürfen die Freunde
im Baumhaus übernachten.
Kurze Zeit später sind die beiden eingeschlafen.
Doch plötzlich hören sie ein lautes Geräusch.
„Was ist das?" Max ist sofort hellwach.
„Psst, sei leise…". Unsanft stößt Felix ihn
in die Seite.
Vorsichtig schauen sie nach unten.

Vor dem Nachbarhaus hält ein großer
schwarzer Transporter.
Aus ihm steigen ganz leise zwei Männer.
Das Herz der Jungen klopft.
Die Männer schleichen in den Garten
der Familie Jäger.
„Was sollen wir tun?" Felix platzt fast vor Aufregung.
„Auf keinen Fall unser Versteck verlassen,
hier sind wir sicher."

Aufmerksam beobachten die zwei das Nachbarshaus.
Da! Endlich kommen die zwei Männer wieder heraus.
Auf ihrem Arm das Diebesgut. Schnell fahren sie davon.

In Windeseile klettern Max und Felix vom Baumhaus hinunter
und laufen nach Hause. Dort benachrichtigen sie sofort die
Polizei und zwei Stunden später sind die Einbrecher gefasst.

„Damit haben sie bestimmt nicht gerechnet, dass sich
jemand ihr Kennzeichen merkt…", ruft Max stolz.

Der erste Ferientag

E. O. Plauen

Ideen für Sprachkünstler

Marc malt zu einem Gedicht

Ich habe das Gedicht „Herbst"
gelesen.
Jetzt möchte ich es gerne
auswendig lernen.

Das Malen hilft mir dabei.
Zuerst lese ich das Gedicht
noch einmal genau.
Dann überlege ich mir,
was ich zu jedem Vers malen will.

Zum ersten Vers male ich
fallende Blätter.

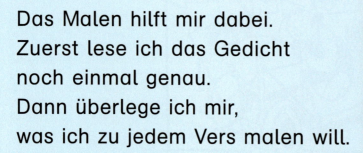

Dann male ich noch ein
gelbes Blatt
und ein rotes Blatt.

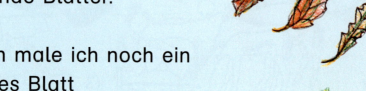

Ich male ein Bild zu jedem Vers.

Blätter fallen,

Falle,

falle,

falle,

gelbes Blatt,

rotes Blatt,

bis der Baum

kein Blatt mehr hat,

weggeflogen alle.
Lisa Bender

So vergesse ich den Text nicht.

Mal doch mal zu einem anderen Gedicht.

Inhalt

Schulabenteuer und Lernreisen 4

So und so .... Manfred Mai 6
Hip, Hop .... Daniel Kallauch 8
Schulwege 10
Auf dem kürzesten Weg .... Werner Färber 12
Sofie ist ängstlich .... Peter Härtling 14
Pause 16
Himmel und Erde 17
Zwei an einem Tag 18
Weil heute dein Geburtstag ist ..... Kurt Hängekorb/Siegfried Bimberg 19
So ein Fest .... Elle van Lieshout 20

Ideen für Sprachkünstler 22

Herzklopfen und Magenknurren 24

Tomaten 26
Orangefarbene Lakritzstangen
vom Jupiter .... Lauren Child 27
Lisa und die Zahnfee .... Simone Nettingsmeier 28
Zahnwechsel 29
Auch ein Elefant hat mal
Zahnschmerzen .... Annette Fienieg 30
Krank sein 32
Das hilft bei Langeweile 33
Gurkenkicker .... Werner Färber 34
Mit allen Sinnen erleben 36
Der Neinrich .... Edith Schreiber-Wicke 38

Ideen für Sprachkünstler 40

Miteinander und Durcheinander 42

Ich mag 44
Ich bin ich .... Andrea Schwarz 45
Gefährlicher Sprung .... Manfred Mai 46
Das Küken und das junge Entlein .... Wladimir Sutejew 47
Freunde 48
Was Freunde zusammen tun 49
Meine Füße sind der Rollstuhl .... Franz-Joseph Huainigg 50
Streiten 52
Warum sich Raben streiten .... Frantz Wittkamp 53

Zum Heulen . . . . *Ute Andresen* 55
Alles Familie 56
Pierre 57
Abends im Bett . . . . *Ute Andresen* 58
Angst . . . . *KNISTER* 59

Ideen für Sprachkünstler 60

Wiesenzwerge und Baumriesen 62

Auf der Erde kann ich stehen . . . . *Wolf Harranth* 64
Bitte . . . . *Viktoria Ruika-Franz* 64
Ich weiß einen Stern . . . . *Josef Guggenmos* 65
Mit offenen Augen 66
Staune . . . . *Günter Ullmann* 67
Tiere . . . . *Ingrid u. Dieter Schubert* 68
Was Tiere können . . . . *Detlef Kersten* 69
Tierrekorde 70
Naturwunder 72
Ein Samenkorn . . . . *Karel Eykman* 73
Sommer . . . . *Georg Bydlinski* 74
Wiese 75
Schätze sammeln 76
Wir machen eine Ausstellung 77

Ideen für Sprachkünstler 78

Traumfänger und Erfinderglück 80

Traumtapeten . . . . *Erwin Grosche* 82
Träumen 83
Traumfänger 84
Vom dicken, fetten Pfannekuchen . . . . *Deutsches Volksmärchen* 86
Engel, noch tastend . . . . *Mario Giordano* 88
Im Museum 89
Wir feiern ein Gespensterfest 90
Gespenster können schaurig heulen 91
Gespenster . . . . *Regina Schwarz* 91
Willy Werkel baut ein Auto . . . . *George Johansson/Jens Ahlbom* 92
Max, der Erfinder 93
Fantastische Erfindungen 94
Was wäre, wenn es diese Erfindungen nicht gäbe? 94

Ideen für Sprachkünstler 96

Leseratten und PC-Mäuse 98

Lesen 100
Das Lesen . . . . *James Krüss* 101
Auf ein Lesezeichen zu schreiben . . . . *Josef Guggenmos* 102
Ein Buch für Bruno . . . . *Nikolaus Heidelbach* 103
Wozu eigentlich Bücher? . . . . *Dik Browne* 104
Ein Buch wandert von Haus zu Haus 105
Ein Buch von Katja . . . . *Angelika Kutsch* 106
Der Weg zum Buch 108
Wer hat das gemalt? . . . . *Verena Ballhaus* 110
Ein Kanal für mich 112
Fernsehen 114

Ideen für Sprachkünstler 116

Herbsttöne und Frühlingsfarben 118

Herbst . . . . *Lisa Bender* 120
Nebel 121
Eine Geschichte vom Nikolaus . . . . . . *Mira Lobe* 122
Geschenke 124
Das Kind in der Krippe . . . . *KNISTER/Paul Maar* 125
Spuren im Schnee . . . . *Gerda Müller* 126
Die drei Spatzen . . . . *Christian Morgenstern* . . . 127
Über Nacht 128
Der Frühling . . . . *Bernhard Lins* 129
Das Ei . . . . *Joachim Ringelnatz* 130
April, April! 130
So ein verrückter Tag . . . . *Erich Jooß* 131
Das Küken aus dem Ei 132
Schokoladenhase . . . . *Elisabeth Zöller* 133
Die Schnecke . . . . *Josef Guggenmos* 134
Wenn die Schnecke Urlaub macht . . . *Christine Busta* 134
Die Weinbergschnecke 135
Aufregende Ferien 136
Der erste Ferientag . . . . *E. O. Plauen* 137

Ideen für Sprachkünstler 138

142

Foto- und Abbildungsverzeichnis

S. 21: Cover: Elle van Lieshout, Erik van Os und Paula Gerritsen, So ein Fest, Sauerländer Verlag © der Originalausgabe 2002 Lemniscaat BV Rotterdam.; **S. 22/23:** Andreas Teich, Klett-Archiv, Stuttgart.; **S. 27:** Cover: Lauren Child. Nein! Tomaten ess ich nicht. Carlsen Verlag Hamburg 2002.; **S. 29:** Universität Leipzig, ZZMK, Dr. Edgar Hirsch, Röntgenabteilung.; **S. 36:** Kindertexte: Lara, 8 Jahre, Tim, 7 Jahre.; **S. 39:** Edith Schreiber-Wicke/ Carola Holland „Der Neinrich" © 2002 by Thienemann Verlag (Thienemann Verlag GmbH), Stuttgart - Wien.; **S. 40/41:** Robert Schwarz und Andreas Teich, Klett-Archiv, Stuttgart.; **S. 40/41:** Brief: Tina, 7 Jahre.; **S.51:** Franz-Joseph Huainigg/Verena Ballhaus: Meine Füße sind der Rollstuhl © 2003 by Anette Betz Verlag im Verlag Carl Ueberreuter, Wien - München.; **S. 56:** (1) Agentur Jump (M. Sandkuehler), Hamburg., (2) Corbis (Noah K. Murray/ Star Ledger), Düsseldorf., (3) Siegfried Kuttig, Lüneburg., (4) Visum (Markus Bollen), Hamburg., (5) Familie mit vielen Kindern: Picture-Alliance (ZB-Fotoreport), Frankfurt.; **S. 57:** f1 online digitale Bildagentur (Prisma), Frankfurt.; **S. 60/61:** Robert Schwarz und Andreas Teich, Klett-Archiv, Stuttgart.; **S. 69:** Was Tiere können. Aus: Hans Joachim Gelberg (Hrsg.): Überall und neben dir. Beltz Verlag, Weinheim und Basel 1986, S.14. Illustration: Detlef Kersten, Gehrden.; **S. 71:** Cover: Dorling Kindersley, Tierlexikon für Kinder, Ltd., London.; **S. 71:** Colibri: Juniors Bildarchiv, Ruhpolding.; **S. 71:** Gepard: Corbis.; **S. 71:** Giraffe: RF/Ines Ebermann, PantherMedia GmbH.; **S. 72:** (1) Kannenpflanze: Arco Digital Images (H. Brehm), Lünen., (2) Zwergweide: Okapia, Frankfurt., (3) Grannenkiefer: Corbis (David Muench), Düsseldorf., (4) Titanenwurz: Picture-Alliance (dpa-Fotoreport), Frankfurt. (5) Löwenzahn: Okapia (Svensson), Frankfurt., (6) Knollenblätterpilz: blickwinkel (H. Schmidbauer), Witten.; **S. 76:** Klett-Archiv, Stuttgart.; Muschelkiste: Jennifer, 7 Jahre.; **S. 78/79:** Robert Schwarz und Andreas Teich, Klett-Archiv,Stuttgart.; **S. 79:** Plakat: Adina, 7 Jahre, Sascha, 8 Jahre.; **S. 79:** Wal li u. m.: JupiterImages, RF/photos.com., Wal re: RF/Markus Schwarz, PantherMedia GmbH.; **S. 84:** Klett-Archiv, Stuttgart.; **S. 88:** Mario Giordano: Der Mann mit der Zwitschermaschine, Augenreise mit Paul Klee, Aufbau-Verlag, Berlin 2001. © VG Bild-Kunst, Bonn 2006.; **S. 88:** 1939, 1193, (MN 13) Engel, noch tastend © VG Bild-Kunst, Bonn 2006/Foto: AKG, Berlin.; **S. 92:** George Johansson/ Jems Ahlbom: Willi Werkel baut ein Auto. Aus: diess. Willy Werkel der Bastler, Carlsen Verlag, Hamburg, 2005.; **S. 96:** Robert Schwarz, Klett-Archiv, Stuttgart.; **S. 97:** Kinderzeichnungen.; **S. 102:** Herbstblätter.; **S. 103:** Illustrationen aus: Nikolaus Heidelbach, Ein Buch für Bruno © Beltz & Gelberg in der Verlagsgruppe Beltz, Weinheim & Basel.; **S. 104:** Bulls Press, Frankfurt.; **S. 109:** moderne Buchdruckmaschine: PhotoAlto (Hardy James), Paris.; **S. 116:** Andreas Teich, Klett-Archiv, Stuttgart.; **S. 123:** Cover: Mira Lobe/Christine Sormann, Eine Geschichte vom Nikolaus © 1997 by Verlag Jungbrunnen Wien.; **S. 124:** Sterne: Tina, 7 Jahre; Mario, 6 Jahre; Svenja-Maria, 7 Jahre.; **S.126:** Aus: Gerda Muller, Was war hier bloß los? Ein geheimnisvoller Spaziergang. Moritz Verlag, Frankfurt/M., 2000.; **S. 126:** Cover: Gerda Müller: Was war hier bloß los. Moritz Verlag, Frankfurt am Main, 2000.; **S. 132:** (1) Flauschiges Küken: Juniors Bildarchiv, Ruhpolding., (2) Geschlüpftes Küken: Okapia, Frankfurt., (3) Brütende Henne: BIOS(Gunther Michel), Berlin., (4) Gepicktes Ei: Arco Digital Images (NPL), Lünen., (5) Nistplatz eines Huhns mit Eiern: Mediacolor's, Zürich.; **S. 135:** (1) Weinbergschnecke, die an einem Blatt frisst. Arco Digital Images, Lünen., (2) Weinbergschnecke, alle vier Fühler erkennbar: Bildagentur-online, Burgkunstadt., (3) Cover: Meine erste Tier-Bibliothek. Die Schnecke. Für die deutsche Ausgabe: © 2002 Esslinger Verlag J. F. Schreiber. ISBN: 3-480-21811-3, 2. Auflage 2004. Copyright © 2001 Éditions Milan - Toulouse, Titel: „L'escargot, paisible dormeur". **S. 137:** Aus: E.O. Plauen „Vater und Sohn" in Gesamtausgabe Erich Ohser © Südverlag, Konstanz, 2000.; **S. 138/139:** Robert Schwarz und Andreas Teich, Klett-Archiv, Stuttgart.; **S. 138/139:** Kinderzeichnungen: Noah, 7 Jahre.

Quellenverzeichnis

S. 6: Manfred Mai: So und so. Aus: Mein Geschichtenbuch für das erste Schuljahr geschrieben und gesammelt von Manfred Mai; DTV, München, 2004; **S. 8:** Daniel Kallauch: Hip, Hop. Aus: Daniel Kallauch: HIP HOP- Schule ist top! Kiosk, 2000; **S. 12/13:** Werner Färber: Auf dem kürzesten Weg. Aus: Das große Känguru Schulgeschichtenbuch, arsEdition, 2003; **S. 14:** Peter Härtling: Sofie ist ängstlich. Aus: Sofie macht Geschichten, Beltz Verlag, Weinheim und Basel, 1980; **S. 19:** Kurt Hängekorb/ Siegfried Bimberg: Weil heute dein Geburtstag ist. Aus: Musikus 1/2, Verlag Volk und Wissen, Berlin, 1993; **S. 20/21:** Elle van Lieshout: So ein Fest, Patmos Verlag/Verlag Sauerländer, Düsseldorf, 2003; **S. 27:** Lauren Child: Orangefarbene Lakritzstangen vom Jupiter. Aus: Nein, Tomaten ess ich nicht!, Carlsen Verlag, Hamburg, 2002; **S. 28:** Simone Nettingmeier: Lisa und die Zahnfee, Carlsen Verlag, Hamburg, 2005;

S. 30/31: Annette Fienieg: Auch ein Elefant hat mal Zahnschmerzen. Aus: Das große Buch der Sachgeschichten. Alles über meinen Körper, Arena Verlag, Würzburg 2002; **S. 34/35:** Werner Färber: Gurkenkicker. Aus: ders. Kleine Fußballgeschichten, arsEdition, München 1996; **S. 38/39:** Edith Schreiber-Wicke: Der Neinrich, Thienemann Verlag, Stuttgart/Wien, Verlag 2002; **S. 45:** Andrea Schwarz: Ich bin ich. Aus: dies.: Bunter Faden Zärtlichkeit, Verlag Herder, Freiburg im Breisgau, 2000; **S. 46:** Manfred Mai: Gefährlicher Sprung. Aus: Mein Geschichtenbuch für das erste Schuljahr, DTV, München 2004; **S. 47:** Wladimir Sutejew: Das Küken und das junge Entlein. Aus: ders.: Lustige Geschichten, Leipziger Kinderbuchverlag, Leipzig, 2003; **S. 50/51:** Franz-Joseph Huainigg: Meine Füße sind der Rollstuhl, Verlag Annette Betz, Wien, München, 2003; **S. 53:** Frantz Wittkamp: Warum sich Raben streiten. Aus: Edmund Jacoby: Dunkel wars der Mond schien helle. München, DTV, 2001; **S. 55:** Ute Andresen: Zum Heulen. Aus: ABC und alles auf der Welt, Beltz & Gelberg, Weinheim/Basel 2002; **S. 58:** Ute Andresen: Abends im Bett. Aus: ABC und alles auf der Welt, Beltz & Gelberg, Weinheim/Basel 2002; **S. 59:** KNISTER: Angst, geh weg! Aus: Lach- und Machgeschichte, Thienemann Verlag, Stuttgart, 1991; **S. 64:** Wolf Harranth: Auf der Erde kann ich stehen. Aus: Mein Bilderbuch von Erde, Wasser, Luft und Feuer, Ravensburger Buchverlag, Otto Meier, Ravensburg, 1990; **S. 64:** Viktoria Ruika-Franz: Bitte. Aus: Hans-Otto Thiede (Hg.): Sieben Blumensträuße, Verlag Volk und Wissen, Berlin, 1987.; **S. 65:** Josef Guggenmos: Ich weiß einen Stern. Aus: Spielen und Lernen. Jahrbuch für Kinder, Velber Verlag, Seeze, 1987; **S. 67:** Günter Ullmann: Staune. Aus: Hans-Joachim Gelberg (hg.): Oder die Entdeckung der Welt. Geschichten, Märchen, Lebensbilder, Gedichte. 10. Jahrbuch der Kinderliteratur, Beltz & Gelberg, Weinheim und Basel, 1997; **S. 68:** Ingrid und Dieter Schubert: Die Welt ist voller Tiere. Aus: Ingrid und Dieter Schubert: Dickes Fell und bunte Federn, Sauerländer Verlag Aarau, Frankfurt, Salzburg, 1995; **S. 69:** Detlef Kersten: Was Tiere können. Aus: Hans-Joachim Gelberg: Überall und neben dir. Gedichte für Kinder, Beltz & Gelberg, Basel 2001; **S. 73:** Karel Eykman: Ein Samenkorn. Aus: Elfriede Conrad/Klaus Deßecker/Heidi Kaiser (Hg.): Erzählbuch zum Glauben. Für Religionsunterricht, Gottesdienst und Familie, Band 3: Das Vaterunser. Benzinger/Kaufmann, Zürich, Einsiedeln, Köln, Lahr, 1985; **S. 74:** Georg Bydlinski: Sommer. Aus: ders.: Wasserhahn und Wasserhenne, Dachs Verlag, Wien, 2002; **S. 82:** Erwin Grosche: Traumtapeten. Aus: ders.: Der Badewannenkapitän, dtv junior, München, 2002; **S. 86/87:** Vom dicken, fetten Pfannekuchen. Deutsches Volksmärchen; **S. 88:** Aus: Mario Giordano: Der Mann mit der Zwitschermaschine, Augenreise mit Paul Klee, Aufbau-Verlag, Berlin 2001; **S. 91:** Regina Schwarz: Gespenster. Aus: Überall und neben dir. Gedichte für Kinder. Hersg. von Hans-Joachim Gelberg. Beltz Verlag, Weinheim und Basel 1989.; **S. 92:** George Johansson/ Jens Ahlbom: Willi Werkel baut ein Auto. Aus: dies. Willy Werkel der Bastler, Carlsen Verlag, Hamburg, 2005; **S. 101:** James Krüss: Bücher lesen. Aus: ders. Der Zauberer Korinthe und andere Gedichte, Verlag Friedrich Oetinger, Hamburg, 1982; **S. 102:** Josef Guggenmos: Auf ein Lesezeichen zu schreiben. Aus: ders.: Sonne, Mond und Luftballon, Beltz Verlag, Weinheim und Basel 1991; **S. 103** Nikolaus Heidelbach: Ein Buch für Bruno, Beltz Verlag, Weinheim und Basel, 2000; **S. 106/107:** Angelika Kutsch: Ein Buch von Katja. Aus: dies.: Angelika Kutsch erzählt vom Büchermachen, Oetinger Verlag, Hamburg 1993; **S. 110/111:** Verena Ballhaus: Wer hat das gemalt?, Originalbeitrag.; **S. 120:** Lisa Bender: Herbst. Aus: Margarete Wagner: Unter dem Regenbogen, Freiburg im Breisgau, 1981; **S. 122/123:** Nach Mira Lobe: Eine Geschichte vom Nikolaus, Verlag Jungbrunnen, Wien; Text gekürzt und bearbeitet; **S. 125:** KNISTER/Paul Maar: Das Kind in der Krippe. Aus: dies. Von Weihnachtsmäusen und Nikoläusen, Thienemann Verlag, Stuttgart, Wien, 1997; **126:** Gerda Müller: Was war hier bloß los. Moritz Verlag, Frankfurt am Main, 2000; **S. 127:** Christian Morgenstern: Die drei Spatzen. Aus: Gesammelte Werke. R. Piper & Co. Verlag, München 1965; **S. 129:** Bernhard Lins: Der Frühling. Aus: Das Jahr lacht unterm Regenschirm, Tyrolia Verlag, Innsbruck, Wien, 1995; **S. 130:** Joachim Ringelnatz: Das Ei. Aus: Kleine Wesen, Altberliner Verlag, Berlin, 1989; **S. 131:** Erich Jooß: So ein verrückter Tag. Aus: Hans Gärtner (Hg.): Jetzt fängt das schöne Frühjahr an, Mohn Verlag, Gütersloh, 1988; **S. 133:** Elisabeth Zöller: Aus: Schokoladenhase. Hans Gärtner (Hg.): Neue Geschichten für die ganze Familie, Echter Verlag, Würzburg, 1995; S. **134:** Josef Guggenmos: Die Schnecke. Aus: ders.: Was denkt die Maus am Donnerstag, dtv, München 1971; **S. 134:** Christine Busta: Wenn die Schnecke Urlaub macht. Aus: Christine und Heinz Brand (Hg.): Keine Maus zu Haus, Ravensburger Buchverlag, Ravensburg, 2002.

Trotz umfangreicher Bemühungen ist es nicht gelungn, in wenigen Fällen die Rechteinhaber für Texte einiger Beiträge ausfindig zu machen. Der Verlag ist hier für entsprechende Hinweise dankbar. Berechtigte Ansprüche werden selbstverständlich im Rahmen der übliche Vereinbarungen abgegolten.